Angelina Jung

Erstellung eines Konzeptes für ein internes Kontrollsystem im Versicherungswesen

Aufbau in einer SAP-Systemlandschaft

Bachelor + Master
Publishing

Jung, Angelina: Erstellung eines Konzeptes für ein internes Kontrollsystem im Versicherungswesen: Aufbau in einer SAP-Systemlandschaft, Hamburg, Diplomica Verlag GmbH 2012
Originaltitel der Abschlussarbeit: Aufbau eines internen Kontrollsystems im Provisionsexkasso

ISBN: 978-3-86341-152-7
Druck: Bachelor + Master Publishing, ein Imprint der Diplomica® Verlag GmbH, Hamburg, 2012
Zugl. Fachhochschule für die Wirtschaft Hannover, Hannover, Deutschland, Studienarbeit, 2010

Bibliografische Information der Deutschen Nationalbibliothek:
Die Deutsche Nationalbibliothek verzeichnet diese Publikation in der Deutschen Nationalbibliografie;
detaillierte bibliografische Daten sind im Internet über http://dnb.d-nb.de abrufbar.

Die digitale Ausgabe (eBook-Ausgabe) dieses Titels trägt die ISBN 978-3-86341-652-2 und kann über den Handel oder den Verlag bezogen werden.

Abstract

In dieser Projektarbeit wird ein Konzept für ein internes Kontrollsystem erstellt. Dieses Kontrollsystem, das in einer nächsten Projektarbeit umgesetzt wird, soll den Vorgang von manuellen Vorauszahlungen im Provisionsexkasso überwachen. Das Provisionsexkasso ist ein Begriff aus dem Finanzwesen und beschäftigt sich mit dem Transaktionsvorgang von Leistungen, in dem Fall mit der Auszahlung des Entgelts, das die Vermittler und Makler der untersuchten Versicherung für ihre Tätigkeit bekommen.

Um ein geeignetes Konzept für ein internes Kontrollsystem zu entwickeln, wurden Gespräche mit den betroffenen Gruppen, genauer gesagt, mit dem Rechnungswesen, dem Vertrieb und der Revision, geführt. Diese Gespräche haben dazu beigetragen, den Prozess der manuellen Vorauszahlungen genau nachvollziehen zu können. Zusätzlich dazu werden Rahmenbedingungen, unter anderem gesetzliche Richtlinien, betrachtet, auf deren Grundlage ein internes Kontrollsystem aufgebaut werden soll.

Inhaltsverzeichnis

Abbildungsverzeichnis

Abkürzungsverzeichnis

ER	Entity-Relationship
GUI	Graphical User Interface
HGB	Handelsgesetzbuch
IKS	internes Kontrollsystem
Panda	Partnerdatenbank

SAP-Abkürzungsverzeichnis

ABAP	Advanced Business Application Programming
ALV	SAP List Viewer
ERP	Enterprise Resource Planning
FI	Financial Accounting
FS-CD	Financial Services – Collections and Disbursements
FS-ICM	Financial Services – Incentive and Commissions Management
HR	Human Resource Management
SAP	Systeme, Anwendungen, Produkte
SAP CC	SAP Competence Center
SAP EP	SAP Enterprise Portal
SAP Web AS	SAP Web Application Server
ZGP	Zentraler Geschäftspartner

1. Einleitung

1.1 Aufbau der Arbeit

Diese Projektarbeit gliedert sich in fünf Kapitel. Im ersten Kapitel wird zum einen die Motivation für die Aufgabenstellung erläutert und zum anderen das Praxisunternehmen näher beschrieben, indem dieses Projekt durchgeführt wird. Das zweite Kapitel liefert Hintergründe und Vorwissen, die relevant sind, um die Praxisaufgabe zu verstehen und nachvollziehen zu können. Kapitel drei befasst sich mit der genaueren Analyse der Aufgabe. Es wird beschrieben, wie die momentane Situation ist und wie sie zukünftig aussehen soll. In Kapitel vier folgt das konkrete Konzept. Die Arbeit endet im fünften Kapitel mit einem Fazit und einem Ausblick zu dieser Projektaufgabe.

Fachbegriffe und erklärungsbedürftige Ausdrücke werden im nachfolgenden Glossar näher erläutert. Sie sind beim ersten Auftreten kursiv und mit Sternchen markiert. Verwendete Abkürzungen können im Abkürzungsverzeichnis nachgeschlagen werden und stehen beim ersten Auftreten im Text in Klammern hinter dem dazugehörigen Ausdruck. Quellenangaben sind mit eckigen Klammern und kursiv kenntlich gemacht.

1.2 Beschreibung des Praxisunternehmens

Die untersuchte Vereinigte Versicherung wurde als Haftpflichtversicherungsanstalt gegründet und ist mittlerweile nicht nur Spezialversicherer der Bauwirtschaft, sondern auch einer der größten deutschen Auto- und Haftpflichtversicherer.

Der Hauptsitz der Versicherung befindet sich in Hannover. Zurzeit beschäftigt sie ca. 2500 Mitarbeiter, davon sind etwa 250 in der Informatik tätig.

Bei dem untersuchten Versicherungsunternehmen wird SAP-Software in mehreren Bereichen eingesetzt. Für alle Fragen und Probleme fachlicher und technischer Art, die im Zusammenhang mit den SAP-Anwendungen bestehen, gibt es das so genannte SAP Competence Center (SAP CC), eine Gruppe von Mitarbeitern der untersuchten Versicherung, die auf SAP-Software spezialisiert sind. Das SAP CC ist als interne Beratung tätig. Es stellt keine reale, sondern eine virtuelle Struktur dar, da die SAP CC Mitglieder organisatorisch zu den Informatikbereichen Anwendungssysteme und Produktion/Betrieb gehören. Es bündelt die SAP-Kompetenz der Versicherung und unterstützt durch direkte partnerschaftliche Zusammenarbeit mit SAP den Betrieb von SAP-Anwendungen.

Das SAP CC der untersuchten Versicherung wurde 2006 erstmals von SAP als Customer Competence Center[1] zertifiziert (siehe Anhang 1). Das Zertifikat ist eine offizielle Auszeichnung für die Fähigkeiten und das Wissen einer solchen Gruppe im SAP-Umfeld. SAP verleiht es an Einrichtungen, die sowohl über die erforderlichen Methoden, technischen Kenntnisse und Werkzeuge als auch über effiziente Arbeitstechniken verfügen, um die Themen rund um die SAP- Systemen erfolgreich bewältigen zu können.

1.3 Motivation für ein internes Kontrollsystem im Provisionsexkasso

Bei einer *Provision** handelt es sich um das Entgelt, das *Vermittler** und *Makler** erhalten, wenn sie Verträge an Kunden vermitteln. Die Höhe der Provision ist vertraglich zwischen der untersuchten Versicherung und den Maklern bzw. Vermittlern geregelt. Dabei besteht die Möglichkeit, Provisionen oder einen Teil davon vor Leistungsbescheinigung vorauszuzahlen. Für diesen Vorgang gibt es jedoch keine einheitlichen Tarife und Abstimmungen. Die Bedingungen für Vorauszahlungen und deren Höhe werden individuell zwischen den Maklern bzw. Vermittlern und der Versicherung abgesprochen und festgelegt.

Die Erfassung und Freigabe von Vorauszahlungen geschieht manuell von zwei Sachbearbeitern des Vertriebs und wird daraufhin von einem Sachbearbeiter aus dem Rechnungswesen geprüft und bei Korrektheit zur Auszahlung freigegeben. Dieser Vorgang unterliegt dem Vier-Augen-Prinzip, da zwei verschiedene Instanzen (ein Mitarbeiter des Vertriebs und einer des Rechnungswesens) die Vorauszahlungen prüfen und freigeben. Weitere Kontrollen gibt es jedoch nicht. Die Motivation für ein internes Kontrollsystem (IKS) über diesen Vorgang besteht also darin, mögliche Fehler und auch vorsätzlichen Betrug zu vermeiden und einen Überblick über erfasste und getätigte Vorauszahlungen zu ermöglichen.

Dies entspricht auch dem betriebswirtschaftlichen Fachbegriff Compliance, der im Zusammenhang mit Überwachung über die Einhaltung von Gesetzen und Richtlinien in einem Unternehmen verwendet wird. Das Ziel von Compliance ist es, sicherzustellen, dass sich alle Handelnden im Unternehmen rechtskonform und regelungskonform verhalten. Zur Sicherstellung von Compliance werden Maßnahmen ergriffen, die über menschliche Fehler und kriminelle Handlungen (z.B. Betrug) wachen. Demnach ist ein weiterer Motivationsgrund für ein IKS im *Provisionsexkasso** die Steigerung von Compliance in der untersuchten Versicherung.

---

[1] deutsch: *Kundenkompetenzzentrum*

4

2. Hintergründe und Vorwissen

2.1 Das Unternehmen SAP

Das IKS, für das in dieser Projektarbeit ein Konzept erstellt wird, soll im SAP-Umfeld aufgebaut werden, da für den Prozess der Erfassung von manuellen Vorauszahlungen eine SAP-Komponente verwendet wird.

Der Prozess der Vorauszahlungserfassung ist über eine kundeneigene Anwendung abgebildet, die im SAP-Standard realisiert und im Bereich des *Inkasso**-/Exkasso-Moduls Financial Services – Collections and Disbursements[2] (FS-CD) angesiedelt ist. Nachfolgend wird das Unternehmen SAP und die bei der untersuchten Versicherung im Zusammenhang mit dem Vorauszahlungsdialog im Einsatz befindliche Technologie näher beschrieben.

Das Unternehmen SAP wurde 1972 von vier ehemaligen IBM-Technikern gegründet und ist mittlerweile zum weltweit drittgrößten unabhängigen Softwarehersteller herangewachsen. Anfänglich existierte das Unternehmen unter dem Namen *Systemanalyse und Programmentwicklung*. Heutzutage ist es eine börsennotierte Aktiengesellschaft, die den Namen SAP trägt, was für *Systeme, Anwendungen und Produkte in der Datenverarbeitung* steht. Der Hauptsitz von SAP befindet sich in Walldorf. Lange Zeit stand der deutsche Markt im Zentrum der Aktivitäten. SAP hat aber durch die Internationalisierung der Anwendungssoftware den Absatzmarkt zunehmend ausgedehnt und mittlerweile lassen sich weitere Standorte in über 50 verschiedenen Ländern auf sämtlichen Kontinenten finden. Insgesamt betreut SAP mehr als 95.000 Kunden in über 120 Ländern.

Das Kerngeschäft von SAP besteht im Vertrieb von Nutzungsrechten an den SAP Softwarelösungen und von damit verbundenen Diensten.

Mithilfe seiner Standardsoftware und branchenspezifischen Anwendungen ermöglicht es SAP anderen Unternehmen, ihre Geschäftsprozesse effizient und flexibel zu gestalten und damit Unternehmensprozesse zu vereinfachen und zu beschleunigen.

Bei der Entwicklung neuer Softwarelösungen arbeitet SAP mit den Kunden zusammen und bietet darüber hinaus Wartungs- und Beratungsleistungen sowie Schulungen an. *[int01]*

2.1.1 SAP Enterprise Resource Planning - Das Hauptprodukt von SAP

Auf dem Markt für betriebswirtschaftliche Standardsoftware bietet das deutsche Software-Unternehmen das so genannte R/3-System für offene Architekturen an. Es wurde aus dem

---

[2] deutsch: *Finanzdienste – Geldeingänge und Auszahlungen*

Großrechnerorientierten Vorgänger SAP R/2 in weiten Teilen neu entwickelt und unterstützt die Hauptanwendungsgebiete Rechnungswesen, Logistik und Personalwirtschaft. *[int02]*

Ein untrennbarer Bestandteil des SAP R/3-Systems ist ABAP, die Programmiersprache von SAP, die für die Programmierung von kommerziellen Anwendungen im SAP-Umfeld entwickelt wurde. Die Abkürzung *ABAP* stand ursprünglich für *Allgemeiner Berichts-Aufbereitungs-Prozessor*, da mit dieser Sprache nur kundenspezifische Auswertungen programmiert werden konnten, aber keine Datenbankveränderungen möglich waren. Im Zuge der Weiterentwicklung der Sprache steht die Abkürzung nun für *Advanced Business Application Programming*. Abgesehen von einem in der Programmiersprache C programmierten Systemkern besteht das SAP R/3-System mit seinen Entwicklungswerkzeugen und Anwendungen aus ABAP Programmen, wodurch eine betriebssystemunabhängige Entwicklung und Funktionalität gesichert wird. Auch neue Erweiterungen zum R/3-System können mit ABAP geschrieben werden.

Der Name SAP R/3 entstand aus der Konzeption als Client-Server-System, das *R* steht dabei für *realtime*[3] und die *3* für die drei verschiedenen Ebenen, aus denen ein R/3-System besteht: die Datenbank-, die Applikations- und die Präsentationsschicht, die im Folgenden näher erläutert werden:

➢ Die *Datenbank-Schicht* beinhaltet ein relationales Datenbanksystem[4], in dem neben Anwendungsdaten auch Objekte der Applikationsschicht (z.B. Programme) gespeichert werden.

➢ Die *Applikationsschicht* enthält die ABAP Laufzeitumgebung zur Ausführung von ABAP Code und führt den Großteil der Anwendungslogik des SAP-Systems aus. Über eine Datenbankschnittstelle werden Zugriffe auf die Datenbank vorgenommen.

➢ Die *Präsentationsschicht* enthält Logik zur Aufbereitung der Benutzeroberfläche für die Endanwender des SAP-Systems. Meistens wird diese Ebene durch das SAP Graphical User Interface[5] (GUI) abgebildet. Das GUI kommuniziert mit Programmen der Applikationsschicht, um Aktionen auf dem SAP-System durchzuführen. Für ein Beispiel des SAP GUI siehe Anhang 1.

---

[3] deutsch: *Echtzeit* - das unmittelbare zeitliche Verhalten eines Vorgangs in der realen Welt *[int04]*
[4] besteht aus beliebig vielen Einzeltabellen, die in beliebiger Art und Weise miteinander verknüpft werden können, die Informationen werden in Spalten und Reihen gespeichert *[int05]*
[5] deutsch: *graphische Benutzerschnittstelle*

Dieses R/3-System ist das Hauptprodukt von SAP und trägt seit dem Jahr 2008 den Namen SAP Enterprise Resource Planning[6] (ERP). SAP ERP unterscheidet sich von dem alten R/3-System hauptsächlich dadurch, dass es auf SAP NetWeaver aufbaut, eine Technologie- und Integrationsplattform, die zahlreiche Komponenten zusammenfasst, die für Unternehmensanwendungen relevant sind. Zu diesen Komponenten zählen z.B. der SAP Web Application Server (SAP Web AS), eine Plattform, auf der alle SAP-Anwendungen ausgeführt werden oder das SAP Enterprise Portal (SAP EP), der Einstiegspunkt für alle Benutzer von SAP NetWeaver Applikationen, der die Navigation erleichtert.

SAP ERP ist (genau wie das R/3-System) modular aufgebaut. Dabei sind den drei betriebswirtschaftlichen Anwendungsbereichen Rechnungswesen, Logistik und Personal jeweils Module zugeordnet, die mit einem eindeutigen Kürzel bezeichnet werden. Diese Module lassen sich wiederum in Komponenten unterteilen.

Die folgende Graphik zeigt wichtige Module des ERP-Systems. Die Darstellung der Module durch Bausteine soll dabei die Erweiterbarkeit der Software verdeutlichen.

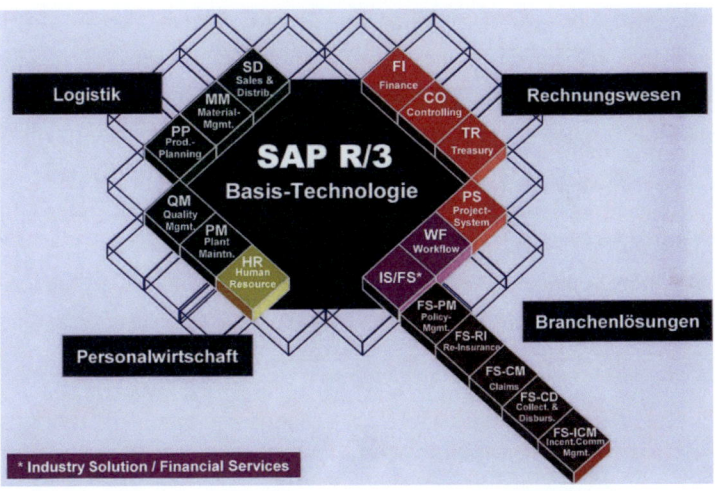

Abbildung 1: ERP-Module *[int08]*

ERP-Systeme bestehen also aus verschiedenen Modulen, wobei jedes dieser Module einem bestimmten Unternehmensbereich dient und auf die entsprechenden Bedürfnisse und Anforderungen zugeschnitten ist. Für eine kurze Erklärung der in der Graphik dargestell-

---

[6] deutsch: *Planung (des Einsatzes / der Verwendung) der Unternehmensressourcen*

ten Module und ihrer Kürzel siehe Anhang 2. Außerdem wird auf die Module FI, HR, FS-ICM und FS-CD im Kapitel 3.1 näher eingegangen.

2.1.2 SAP for Insurance

Mit SAP for Insurance[7] (siehe Anhang 3) stellt SAP versicherungsspezifische Anwendungssoftware zur Verfügung, die einen kunden- und serviceorientierten Ansatz verfolgt. Spartenübergreifend werden die versicherungstechnischen Kernprozesse abgedeckt.

SAP for Insurance ist ein integraler Bestandteil von SAP ERP und liefert folgende Komponenten zur Bewältigung der Herausforderungen von Versicherungsunternehmen:

➢ *Inkasso/Exkasso*

➢ *Schaden- / Leistungsmanagement*

➢ *Provisionsmanagement*

➢ *Rückversicherungsmanagement*

➢ *Policenmanagement*

Für diese Projektarbeit ist vor allem die Komponente Inkasso/Exkasso (FS-CD) von Bedeutung. Sie erleichtert Aufgaben wie *Kontokorrentbuchführung**, Zahlungsabwicklung, Geldeingangsverarbeitung und Mahnwesen. In Kapitel 3.1 werden ihre Funktion und ihr Zusammenhang mit anderen Komponenten näher erläutert.

2.3 Der Versicherungsaußendienst und seine Vergütung

Es gibt drei verschiedene Gruppen, die für die untersuchte Versicherung Verträge an Kunden vermitteln, und zwar die Vermittler, die Makler und die angestellten Außendienstmitarbeiter. Es bestehen rechtliche Unterschiede zwischen diesen drei Gruppen.

Versicherungsmakler sind Kaufleute und gemäß § 93 Handelsgesetzbuch (HGB) ausschließliche Interessenvertreter und Sachwalter ihrer Mandanten und damit keine Erfüllungsgehilfen des Versicherungsunternehmens.

Vermittler sind Handelsvertreter gemäß § 84 HGB, sie sind also selbständige Gewerbetreibende, die Verträge vermitteln und dabei ihre Tätigkeit und Arbeitszeit im Wesentlichen frei bestimmen können (siehe Anhang 4). Sie haben die Möglichkeit, verschiedene Versicherungen zu vertreten, wobei aber die am häufigsten anzutreffenden Versicherungsvermittler Einfirmenvertreter sind.

---

[7] deutsch: *SAP für Versicherungen*

Die angestellten Außendienstmitarbeiter sind an das Unternehmen gebunden und schließen nur für ihren Arbeitgeber Verträge ab. Da sie fest angestellt und weisungsabhängig sind, kann das Unternehmen ihnen konkrete Vorgaben über ihre Tätigkeit und Arbeitszeit machen, sie sind damit Erfüllungsgehilfen des Versicherungsunternehmens.

Zusammenfassend kann man sagen, dass Versicherungsmakler Beauftragte des Kunden sind, Vermittler vertreten in erster Linie die Interessen einer oder mehrere Versicherungen und angestellte Außendienstmitarbeiter schließen nur im Namen ihres Arbeitgebers Verträge ab. *[int 09]*, *[int 10]*

Versicherungsmakler und Vermittler erhalten für eingelöste Versicherungsverträge Abschluss- und bei mehrjährigem Verlauf Folge-Provisionen, solange folgende Bedingungen erfüllt sind: die Verträge bestehen ungekündigt, die Versicherungsnehmer kommen ihren Beitragszahlungen nach und der Versicherungsnehmer wird von dem Vermittler betreut bzw. der Makler ist zur Verwaltung und Betreuung der Verträge vom Versicherungsnehmer mittels Maklervertrag bzw. -auftrag legitimiert. *[int11]*

Angestellte im Außendienst erhalten ein Festgehalt und können zusätzlich dazu einen leistungsbezogenen Anteil in Form von Provisionen erhalten.

Erhalten Makler oder Vermittler Vorauszahlungen von der Versicherung, die nicht im selben Monat mit den auflaufenden Provisionszahlungen verrechnet werden, so müssen diese verzinst werden. Bei einem Vorschuss ab 50.000 € handelt es sich um ein verzinsbares Darlehen, für das ein Zins- und Tilgungsplan aufgestellt wird. Es gelten keine allgemeinen Bedingungen. Abstimmungen in Bezug auf Vorauszahlungen werden individuell zwischen der Versicherung und den Maklern bzw. Vermittlern verhandelt.

2.4 Rahmenbedingungen für ein internes Kontrollsystem

Eine gängige Definition für ein IKS lautet *[int01]*:

> *„Die Gesamtheit aller Grundsätze, Verfahren und aufeinander abgestimmten und miteinander verbundenen Kontrollen, Maßnahmen und Regelungen innerhalb eines Systems, die von der Unternehmensleitung autorisiert wurden."* *[01]*

Ein Unternehmen muss hierbei individuell eine Kontrollumgebung aufbauen, die auf den Risiken der zu Grunde liegenden Geschäftsprozesse basiert.

Kontrollen sollen dabei durch Maßnahmen erfolgen, die in den Arbeitslauf integriert werden mit dem Zweck, die Wahrscheinlichkeit für das Auftreten von Fehlern in den

Arbeitsabläufen zu vermindern bzw. aufgetretene Fehler aufzudecken. Die Ziele des Einsatzes eines IKS können wie folgt zusammengefasst werden:

➢ Sicherung der Wirksamkeit und Wirtschaftlichkeit der Geschäftstätigkeit (z.B. Schutz des Vermögens)

➢ Integrität der im Unternehmen intern und extern bestehenden und genutzten Daten, Prozesse und Systeme

➢ Minimierung von eventuellen Strafen und Sanktionen durch Berücksichtigung gesetzlicher Vorschriften

➢ Wirtschaftlichkeit und Transparenz der Arbeitsabläufe

➢ Fehlerprävention und Fehleraufdeckung

➢ Erhöhung der Informationsqualität durch genaue, aussagefähige, zeitnahe Aufzeichnungen *[01]*

Wenn in dieser Dokumentation der Begriff IKS verwendet wird, dann ist damit die Kontrollmaßnahme gemeint, die nur den einen Prozess der manuellen Vorauszahlungen überwacht. Die oben aufgeführten Ziele eines IKS für die Gesamtheit aller Kontrollen stimmen trotzdem überein.

Für den Aufbau eines IKS, das einen Vorgang der Buchführung, in dem Fall Vorauszahlungen, kontrollieren soll, gibt es verschiedene Rahmenbedingungen. Zum einen zählen dazu folgende gesetzliche Grundlagen:

➢ Abgabenordnung § 145-147 - Ordnungsmäßigkeit der Buchführung

➢ Handelsgesetzbuch § 238 und § 322 - Ordnungsmäßigkeit der Buchführung und Bestätigungsvermerk

➢ § 91 Absatz 2 Aktiengesetz:

„Der Vorstand hat geeignete Maßnahmen zu treffen, insbesondere ein Überwachungssystem einzurichten, damit den Fortbestand der Gesellschaft gefährdende Entwicklungen früh erkannt werden."

➢ § 30 Ordnungswidrigkeitsgesetz:

„Die Unternehmensleitung hat alle Maßnahmen zu treffen, um zu verhindern, dass aus dem Unternehmen heraus keine Straftaten begangen werden."

➢ § 130 Ordnungswidrigkeitsgesetz:

Wer als Inhaber eines Betriebes oder Unternehmens vorsätzlich oder fahrlässig die Aufsichtsmaßnah-
men unterlässt, die erforderlich sind, um in dem Betrieb oder Unternehmen Zuwiderhandlungen gegen
Pflichten zu verhindern, (...) handelt ordnungswidrig, wenn eine solche Zuwiderhandlung begangen
wird, die durch gehörige Aufsicht verhindert oder wesentlich erschwert worden wäre. " [int12]

Zum anderen gibt es gesetzlich ähnliche Anforderungen, die beim Aufbau eines IKS erfüllt
werden müssen:

➢ Grundsätze ordnungsgemäßer Buchführung und Buchführungssysteme:

   „Das IKS (...) stellt darauf ab, dass die Ausgestaltung organisatorischer Kontrollmechanismen
   (...) die Ordnungsmäßigkeit einer Buchführung bestimmt. "

Darüber hinaus müssen bei der Umsetzung des IKS interne Standards und Richtlinien der
untersuchten Versicherung beachtet werden. Dazu gehören die SAP Entwicklungsrichtlinien inklusive Namenskonventionen und das SAP Rahmenberechtigungskonzept.

3. Analyse

3.1 SAP Systemlandschaft und angrenzende Komponenten

In der untersuchten Versicherung sind vielfältige SAP Komponenten im Einsatz und erleichtern unter anderem Prozesse wie die Personalkostenabrechnung, die Finanzbuchhaltung, das Immobilienmanagement, die Lagerverwaltung und viele weitere.

Für diese Projektarbeit ist das Provisionsexkasso und damit vor allem die Komponente FS-CD relevant, die mit einigen anderen Komponenten zusammenhängt. Dies wird im Folgenden näher erläutert:

Financial Services – Collections and Disbursements (FS-CD):

Das FS-CD wird für zwei Aufgaben eingesetzt, zum einen für die Stammdatenverwaltung und zum anderen für die Buchung von *Bewegungsdaten**. *Stammdaten** sind statische Grunddaten eines Unternehmens, die nie oder sehr selten geändert werden, z.B. der Name und die Anschrift eines Geschäftspartners. Diese Geschäftspartnerdaten sind im Modul *Zentraler Geschäftspartner* (ZGP) gepflegt. Bestandteile aus dem FS-CD referenzieren die im ZGP geführten Daten (siehe Anhang 5). Im Gegensatz dazu sind Bewegungsdaten dynamisch und weisen meistens eine zeitlich nur begrenzte Lebensdauer auf, z.B. Anfragen oder Bestellungen. *[int07]*

Bei der Stammdatenverwaltung in FS-CD geht es darum, einem bestehenden Provisionsvertrag, den richtigen Geschäftspartner, in dem Fall ein Vermittler, zuzuordnen und ein dazugehöriges Konto anzulegen, auf dem Buchungsbewegungen verwaltet werden können.

Bei der Buchung von Bewegungsdaten geht es darum, provisionsrelevante Buchungen zu erzeugen und zu verwalten. Die Bewegungsdaten, in dem Fall Buchungen, bestehen aus den drei folgenden Komponenten:

➢ *Belegkopf:* enthält allgemeine Buchungsdaten, z.B. Belegdatum, Belegnummer

➢ *OP-Belegzeile:* enthält abrechnungsrelevante Buchungsdaten, z.B. Abrechnungszeitraum, Abrechnungsbetrag

➢ *P/L-Belegzeile:* enthält alle Buchungsdaten, die das Profit and loss[8] im *Hauptbuch** verändern, z.B. P/L Betrag

---

[8] deutsch: *Gewinn und Verlust*

Financial Services – Incentive and Commissions Management (FS-ICM):

Mit Hilfe von FS-ICM werden in der Versicherung die Vermittler- und Provisionsdaten verwaltet und Provisionen berechnet. Um eine Provision in FS-ICM endgültig abrechnen zu können, müssen in FS-CD die Stammdaten des betroffenen Vermittlers und ein dazugehöriges Konto vorhanden sein.

SAP Financial Accounting (FI):

Das SAP FI deckt den Bereich des *externen Rechnungswesens** mit der Haupt- und Geschäftsbuchhaltung sowie den gesetzlich vorgeschriebenen Nebenbüchern ab. In den Nebenbüchern werden *Kreditoren**-, *Debitoren**- und Anlagenbuchhaltung abgebildet. In der Hauptbuchhaltung werden die Geschäftsvorfälle als Voraussetzung zur Erstellung einer Bilanz und Gewinn- und Verlustrechnung fortgeschrieben.

SAP Human Resource Management (SAP HR):

Mit dem SAP HR werden in der Versicherung Prozesse erledigt, die die Mitarbeiter betreffen. Dazu zählen unter anderem wichtige Bereiche wie die Personalentwicklung, die Personalkostenplanung, die Erfassung der Arbeitszeit und die Reisekostenabrechnung.

Partnerdatenbank (Panda):

Hierbei handelt es sich nicht um eine SAP-Komponente, sondern um eine Eigenentwicklung der untersuchten Versicherung. Panda ist die Partnerdatenbank, die zur Geschäftspartner- und Geschäftsobjektverwaltung der Versicherung dient. Unter dem Begriff Geschäftsobjekt werden alle Formen von Beziehungen, die ein Partner zur Versicherung haben kann, zusammengefasst. Dazu zählen z.B. Verträge oder auch Schadensfälle, für die die Versicherung aufkommen muss. Ein Partner kann eine oder mehrere Beziehungen zur Versicherung haben, zum Beispiel in Form eines Versicherungsvertrags oder eines Provisionsvertrags. Diese Beziehungen werden in Panda gespeichert und verwaltet.

Der Zusammenhang zwischen den eben beschriebenen Komponenten sieht folgendermaßen aus:

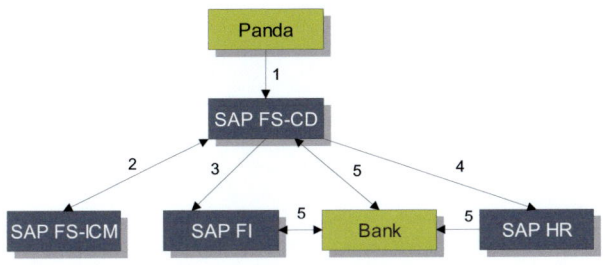

Abbildung 2: SAP Systemlandschaft

1) *Abbildung der Panda-Geschäftsobjektbeziehungen in FS-CD:*

Sobald in Panda ein Objekt, z.B. ein Provisionsvertrag, erzeugt wird, wird in FS-CD automatisch ein neues Versicherungsobjekt ebenfalls mit der Ausprägung Provisionsvertrag angelegt. Die Nummer dieses Vertrags ist dabei identisch mit der Nummer des entsprechenden Geschäftsobjekts in Panda und die benötigten Stammdaten werden aus Panda übernommen.

2) *Transfer von Daten zwischen FS-ICM und FS-CD:*

Zum Zeitpunkt der Abrechnung von Vergütungsbuchungen in FS-ICM findet ein Transfer der abgerechneten Provisionsbuchungen zum FS-CD statt. Außerdem wird zwischen den beiden Komponenten eine Synchronisation im Falle eines Provisionsstops durchgeführt. Dazu wird innerhalb des *Zahllaufs** aktiv von FS-CD nachgelesen, ob aktuell in FS-ICM ein Provisionsstop gesetzt ist. Ist das der Fall, wird eine Ausgangszahlsperre in FS-CD gesetzt.

3) *Darstellung von Provisionsbuchungen im Hauptbuch:*

Jede in FS-CD befindliche Buchung ist grundsätzlich hauptbuchrelevant und muss somit an das Hauptbuch gemeldet werden, deshalb werden sämtliche im FS-CD produzierten Bewegungsdaten periodisch an das Hauptbuch der untersuchten Versicherung übermittelt. Dazu werden die Buchungssätze konsolidiert und ihre Summe an das SAP FI übermittelt.

4) *Transfer der Zahlungen für den angestellten Außendienst an das SAP HR:*

Im Zusammenhang mit dem Provisionsexkasso ist das SAP HR für die Auszahlungen von Provisionen für den angestellten Außendienst notwendig.

Für die entsprechenden Vermittlerverträge werden die im FS-CD hinterlegten Provisionszahlungen an das SAP HR weitergeleitet.

5) Transfer von provisionsrelevanten Bankbewegungen:

Im Zusammenhang mit dem Zahllauf werden DTI[9]-Datenträger erzeugt, die elektronisch an die Bank weitergeleitet werden. Die Bank dient zur physischen Auszahlung von Provisionen.

3.2 Ist-Zustand

Im April 2009 wurden in der untersuchten Versicherung die versicherungstechnischen SAP Module FS-ICM und FS-CD eingeführt, um das bestehende veraltete Inkassosystem der Versicherung abzulösen und das Provisionsexkasso zu vereinfachen.

Ein Bestandteil des Provisionsexkassos sind manuelle Vorauszahlungen (Vorauszahlung einer Provision oder Teile davon), die periodenunabhängig einem Vermittler oder Makler ausgezahlt werden können. Diese manuelle Provisionserfassung erfolgt durch ein zweistufiges Freigabeverfahren.

Insgesamt sind drei verschiedene Instanzen an dem Vorauszahlungsprozess beteiligt, nämlich der Vertrieb und das Rechnungswesen für die Erfassung und die Freigabe und die Bank für die Auszahlung (siehe Anhang 6).

Der erste Teilprozess findet im Vertrieb statt (siehe Abbildung 3).

Als erstes erfasst ein Sachbearbeiter aus dem Vertrieb die Vorauszahlung. Um ihm die Erfassung einer Vorauszahlung zu erleichtern, steht ihm ein gesonderter Erfassungsdialog zur Verfügung, der von der Versicherung entwickelt wurde (siehe Anhang 7). Die Felder, die für die Erfassung einer Vorauszahlung notwendig sind (siehe Abbildung 4), werden auf der folgenden Seite beschrieben.

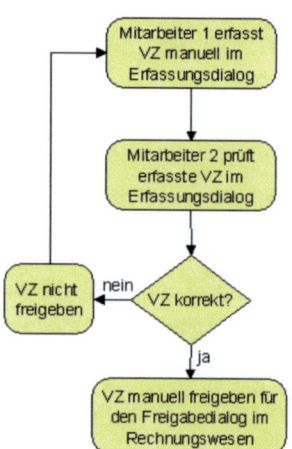

Abbildung 3: Teilprozess Vertrieb

---

[9] Format für elektronische Kontoauszüge

➢ Bei *Vermittlervertrag* wird die Nummer des Vertrags eingegeben, über den die Vorauszahlung ausgezahlt werden soll.

➢ Unter *Verwendungszweck* wird ein
Text eingegeben, der den Zweck
der Vorauszahlung näher be-
schreibt.

➢ Der *Buchungskreis* ist notwendig,
um zu erkennen, für welches
Unternehmen die Provision
anfällt.

Vermittlervertrag	800000-000
Verwendungszweck	Test
Buchungskreis	0015
Verrechnen ab	30.06.2010
Betrag	-100
Zinsforderung	5

☐ Flottenkennzeichen

Abbildung 4: Felder für die Erfassung einer Vorauszahlung

➢ Bei *Verrechnen ab* wird das Datum des Tages angegeben, an dem die debitorische
Buchung verrechnet wird. Die kreditorische Buchung erfolgt unmittelbar an dem Datum, an dem die Vorauszahlung erfasst wird. Die debitorische Buchung hingegen erfolgt erst an dem Datum, an dem die Vorauszahlung mit der Provision des Maklers
bzw. Vermittlers verrechnet wird.

➢ In dem Feld *Betrag* steht der Bruttobetrag der Vorauszahlung immer mit negativem
Vorzeichen.

➢ Der Betrag in dem Feld *Zinsforderung* wird bei der Einbuchung von dem Vorausza-
lungsbetrag abgezogen.

➢ Das *Flottenkennzeichen* wird markiert, wenn es sich bei dem Vermittlervertrag, für den
eine Vorauszahlung erfasst wird, um einen Flottenvertrag handelt.

Die Eingaben unterliegen automatischen Prüfungen. Es können z.B. keine Vorauszahlungen für Verträge erfasst werden, die zu einem Mitarbeiter des angestellten Außendienstes
gehören. Diese neu erfassten Daten werden als nächstes von einem weiteren Sachbearbeiter aus dem Vertrieb im Erfassungsdialog geprüft. Bei Korrektheit gibt dieser sie für das
Rechnungswesen frei.

Nun folgt der zweite Teilprozess im Rechnungswesen (siehe Abbildung 5).

Die Daten werden einem speziellen Sachbearbeiter aus dem Rechnungswesen in einem
Freigabedialog, der ebenfalls eine Eigenentwicklung der Versicherung ist, zur Anzeige
gebracht (siehe Anhang 8). Der Sachbearbeiter muss diese Daten wiederum freigeben.
Erst nach Freigabe der Daten wird eine
Buchung erzeugt. Die Vorauszahlungen
werden mit dem abendlichen Zahllauf an den
Vermittler bzw. Makler überwiesen.

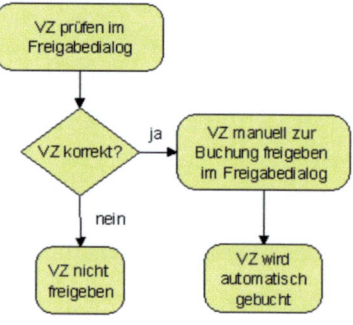

Abbildung 5: **Teilprozess Rechnungswesen**

Der Vorgang wird nicht regelmäßig überwacht oder kontrolliert, weshalb er anfällig ist für
menschliche Fehler oder sogar vorsätzlichen Betrug, außerdem gibt es keine Auswertung,
die einen Überblick über die Vorauszahlungen erstellt.

3.3 Soll-Zustand

Der Vorgang der Vorauszahlungen soll transparenter werden und nicht mehr nur von
denjenigen Mitarbeitern überblickt werden, die für die Erfassung verantwortlich sind.
Damit sollen menschliche Fehler und vorsätzlicher Betrug anfangs reduziert und letztend-
lich vollständig verhindert werden. Dafür ist ein Konzept für ein IKS notwendig, das eine
Auswertung über alle bereits gezahlten Vorauszahlungen und alle noch offenen debitorischen Vorauszahlungen erstellt. Die gezahlten kreditorischen Vorauszahlungen sind
diejenigen, die im FS-CD manuell vom Vertrieb eingetragen, vom Rechnungswesen
freigegeben und direkt an den Empfänger überwiesen werden. Die debitorischen Vorauszahlungen sind zwar bereits im FS-CD gebucht, aber werden erst nach ihrer Fälligkeit mit
bis dahin verdienten Provisionen verrechnet. Noch offene debitorische Vorauszahlungen
sind also diejenigen, die noch nicht mit den Provisionen verrechnet wurden.

Diese Informationen sollen anschließend in regelmäßigen Abständen dem Vertrieb und
dem Rechnungswesen zur Verfügung gestellt werden. Es ist sinnvoll, diese Informationen
in Form einer Liste aufzubereiten. Das gewährleistet eine schnelle und übersichtliche
Auswertung der Vorauszahlungen und führt nicht dazu, dass sich die Mitarbeiter, die für
die Erfassung und Freigabe zuständig sind, zu sehr kontrolliert fühlen.

Die Anwender sollen die Möglichkeit haben, die Daten nach bestimmten Kriterien selektieren oder filtern zu können. Es wäre z.B. interessant, alle noch offenen debitorischen Vorauszahlungen zu selektieren oder alle Positionen eines bestimmten Erfassers. Diese Selektionskriterien sollen gespeichert werden können, damit die Anwender diese nicht bei jedem Anfordern der Auswertungsliste neu eingegeben müssen.

Die Mitarbeiter des Rechnungswesens und Vertriebs sollen die Auswertungsliste nach dem Pull-Prinzip erhalten. Das bedeutet, sie fordern die Liste selbständig einmal monatlich an und überprüfen die Informationen über die Vorauszahlungen. Darüber hinaus haben die Mitarbeiter der Gruppe Revision das Recht, die Liste ad hoc zu verlangen und die Informationen auszuwerten, da sie im Unternehmen eine Kontrollfunktion haben und darauf achten, dass Prozesse ordnungsgemäß ablaufen. Der Soll-Zustand kann folgendermaßen dargestellt werden:

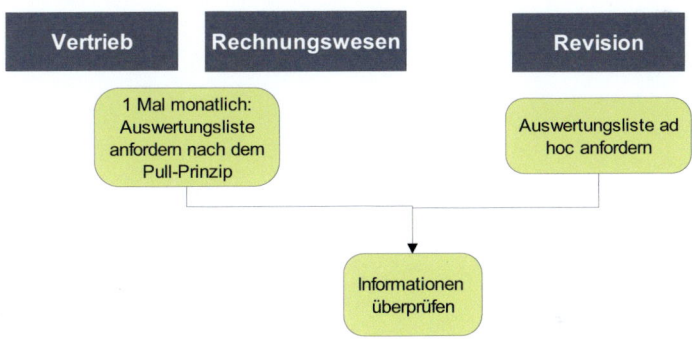

Abbildung 6: Soll-Prozess

Die Schwierigkeiten bestehen darin, die relevanten Informationen aus einer Menge von Daten, die bei dem Vorauszahlungsprozess entstehen, herauszufiltern und diese übersichtlich aufbereitet zuverlässig zur Verfügung zu stellen. Es muss geklärt werden, welche Informationen tatsächlich nötig sind und in der Auswertungsliste enthalten sein sollen und welche nur die Übersichtlichkeit stören und deshalb nicht in der Liste berücksichtigt werden brauchen. Weitere Vorgaben zum Aussehen der Liste bestehen nicht.

4. Konzept

4.1 Internes Kontrollsystem in Form einer Auswertungsliste

Für das Konzept kann man über verschiedene Alternativen für die Listenerstellung nachdenken. Eine Möglichkeit wäre, zwei manuelle Listen (z.B. in Excel) zu führen über alle bereits gezahlten und über alle noch offenen Vorauszahlungen. Diese könnten bei einer Änderung manuell von den Mitarbeitern aus dem Vertrieb und dem Rechnungswesen ergänzt werden. Diese Lösung hätte den Vorteil, dass kein hoher Aufwand bei der Umsetzung entstehen würde. Nachteile hingegen sind, dass diese Form eines IKS wenig effizient ist und die Gefahren von menschlichen Fehlern und vorsätzlichen Betrug weiterhin bestehen bleiben.

Eine andere mögliche Lösung wäre, ein bestehendes IKS bzw. eine entsprechende bereits implementierte Lösung, die einen Überblick über die erfassten Vorauszahlungen erstellt, käuflich zu erwerben (z.B. von SAP) und gegebenenfalls an die eigenen Anforderungen anzupassen. Die Vorteile dieser Lösung bestehen zum einen in der Effizienz, da kein manueller Überblick mehr erstellt würde, sondern ein automatischer, der nicht mehr anfällig ist für menschliche Fehler oder vorsätzlichen Betrug und zum anderen in dem geringen Aufwand für die Umsetzung. Der Nachteil besteht in den Kosten, die für eine gekaufte Lösung anfallen würden.

Die dritte Alternative wäre, selbst eine Lösung zu implementieren. In diesem Fall würde der Nachteil der hohen anfallenden Kosten wegfallen und trotzdem würden die Vorteile eines automatischen Überblicks bestehen bleiben. Allerdings muss hierbei beachtet werden, dass interner Entwicklungsaufwand und eventuelle Kosten für externe Berater entstehen. Da aber genügend ABAP- und SAP-Kompetenz in der untersuchten Versicherung vorhanden ist (siehe Kapitel 1.3), stellt dieses Argument keinen schwerwiegenden Nachteil dar.

Insgesamt bietet die dritte Alternative, eine eigene Lösung zu implementieren, die für die Erstellung der Liste zuständig ist, die meisten Vorteile.

4.2 Inhalt der Auswertungsliste

Durch eine Auswertungsliste wird die Transparenz des Vorauszahlungsvorgangs erhöht, mögliche Fehler oder Betrug frühzeitig erkannt und damit die in Kapitel 1.3 angesprochene Compliance im Unternehmen gesteigert. Die betroffenen Mitarbeiter werden trotzdem nicht eingeengt oder zu sehr in ihrer Aufgabe kontrolliert, denn der Vorgang der Vorauszahlungen ändert sich nicht, sie werden weiterhin manuell erfasst und freigegeben, neu ist nur der regelmäßige Überblick über diesen Prozess.

Da die Lösung für das SAP-Umfeld bestimmt ist, muss ein Report[10] programmiert werden, der eine Liste mit bestimmten Feldern erstellt. Folgende Felder wurden in Absprache mit den betroffenen Fachbereichen festgelegt:

➢ *Geschäftspartnernummer:* diese Nummer gibt an, welcher Geschäftspartner der Versicherung (Vermittler, Makler oder angestellter Außendienstmitarbeiter) die Vorauszahlung erhält

➢ *Vertragsreferenz:* diese Nummer referenziert den Vertrag (z.B. Provisionsvertrag), auf dessen Basis die Vorauszahlung erfolgt

➢ *Erfasser:* hier steht die Personalnummer des Mitarbeiters aus dem Vertrieb, der die Vorauszahlung manuell erfasst hat

➢ *Freigabe:* hier steht die Personalnummer des Mitarbeiters aus dem Vertrieb, der die manuell erfasste Vorauszahlung seines Kollegen bei Korrektheit für das Rechnungswesen freigibt

➢ *Hauptvorgang:* die Hauptvorgänge für Provisionen werden nach der Vertragsart unterteilt, es gibt z.B. das Kürzel *PMAK* für einen Maklervertrag, *PHBM* für den Vertrag mit einem hauptberuflichen Vermittler und *PNBM* für den Vertrag mit einem nebenberuflichen Vermittler

➢ *Teilvorgang:* die Teilvorgänge werden nach der Vergütungsart unterteilt, die Kürzel *VZD* und *VZK* stehen dabei für eine Vorauszahlung

➢ *Buchungsdatum:* hier steht das Datum des Tages, an dem die Vorauszahlung im Rechnungswesen gebucht wurde

---

[10] ABAP-Programm

➢ *Fälligkeitsdatum:* hier wird das Datum des Tages angegeben, an dem die gebuchte Vorauszahlung fällig wird und tatsächlich an den Empfänger ausgezahlt wird, dieses Datum kann mit dem Buchungsdatum übereinstimmen, muss es aber nicht

➢ *Betrag:* hier wird die Höhe der Vorauszahlung angegeben

➢ *Zins:* hier steht die Höhe der Zinsen, die die Versicherung für die Vorauszahlung verlangt, werden keine Zinsen gefordert, steht hier ein Betrag von 0

➢ *noch offen:* hier steht der Betrag der Vorauszahlungen, die bereits ausgezahlt wurden, aber noch nicht mit den Provisionen der Makler bzw. Vermittler verrechnet wurden, wurde eine Vorauszahlung bereits vollständig verrechnet und somit an die Versicherung zurückgezahlt, steht hier ein Betrag von 0

Eine Liste mit diesen Feldern ermöglicht eine Übersicht über die Vorauszahlungen und ist somit als IKS geeignet. Für ein Beispiel dieser Liste siehe Anhang 9.

Bei der Erstellung des Reports müssen die in Abschnitt 2.4 genannten Rahmenbedingungen, insbesondere die Entwicklungsrichtlinien und Namenskonventionen der Versicherung, beachtet werden.

Außerdem ist es wichtig, dass eine Dokumentation über das IKS erstellt wird und die betroffenen Mitarbeiter darüber informiert werden, dass es zukünftig eine Liste mit Informationen über den Vorauszahlungsvorgang geben wird.

4.3 Methodiken zur Anzeige der Daten im Report

Die Anzeige der Daten im Report kann durch verschiedene Methodiken realisiert werden. Zum einen gibt es die elementare Anweisung *write*. Mit Hilfe dieser Anweisung kann eine einfache Liste auf dem Bildschirm ausgegeben werden. Der Vorteil dieser Methodik besteht darin, dass sie sehr einfach umzusetzen ist. Ein entscheidender Nachteil ist jedoch, dass damit nur eine einfache Liste (siehe Abbildung 7) erstellt werden kann, die keine Möglichkeit bietet, die Daten zu sortieren oder zu selektieren.

Wünschenswerter ist es, eine Liste im SAP List Viewer (ALV)-Grid[11] zu erstellen.

000005-000	A10875	A11901	21.01.2009
000005-000	A10875	A10875	21.01.2009
000005-000	A10875	A11901	21.01.2009
000005-000	A10875	A11901	21.01.2009
000005-000	A10875	A10875	22.01.2009
000005-000	A10875	A10875	22.01.2009
000005-000	A10875	A10875	22.01.2009
000005-000	A10875	A10875	22.01.2009

Abbildung 7: Beispiel Einfache Liste durch write-Anweisung

Mit den standardmäßig angebotenen Funktionen des ALV-Grids kann der Benutzer die angezeigten Tabellendaten sortieren, filtern und summieren (siehe Abbildung 8 (a-c)). Weiterhin können Felder ein- oder ausgeblendet und die Feldreihenfolge angepasst werden. Die so erstellen Ansichten können als Layout abgespeichert und wieder verwendet werden (siehe Abbildung 8 (d)). Das entspricht den Anforderungen aus Kapitel 3.3. Die erzeugten Listen können außerdem in Word oder Excel exportiert werden.

Abflugdatum	Fluggesellschaft	Preis	Währung	Flugzeugtyp	Kapazität	Belegt	Akt. Summe
11.12.2000	American Airlines	1.191,11	USD	146-200	112	40	53.361,73
16.04.2001	American Airlines	9.506,17	USD	146-200	112	93	990.162,67
20.08.2001	American Airlines	8.080,00	USD	146-200	112	1	9.049,60
24.12.2001	American Airlines	98,77	USD	146-200	112	6	663,73
09.12.2000	American Airlines	5.967,41	USD	146-300	128	77	514.629,44
14.04.2001	American Airlines	2.104,69	USD	146-300	128	31	73.074,84
18.08.2001	American Airlines	1.799,51	USD	146-300	128	83	167.282,45
22.12.2001	American Airlines	6.140,25	USD	146-300	128	55	378.239,40

Abbildung 8: Beispiel Liste im ALV-Grid

---

[11] SAP-Oberflächenelement zur Darstellung von Daten in Tabellenform

Um eine aufbereitete Liste im ALV-Grid zu erhalten, gibt es zwei verschiedene Methodiken, zum einen die Klasse *CL_GUI_ALV_GRID* und zum anderen der Funktionsbaustein *REUSE_ALV_LIST_DISPLAY*. Eine Klasse ist eine abstrakte Darstellung oder bildlich gesehen eine Bauanleitung für Objekte. Funktionsbausteine sind abgeschlossene Funktionen, die im gesamten SAP-System verwendet werden können. Da die Klasse Funktionalitäten bietet, die in diesem Fall nicht benötigt werden und schwieriger zu verwenden ist, empfiehlt es sich, den Funktionsbaustein zu nutzen.

4.4 Benötigte Daten

Die im vorherigen Abschnitt beschriebenen Informationen, die für die Listenerstellung benötigt werden, befinden sich in Datenbanktabellen, die vom SAP-System genutzt werden. Bei der Datenmodellierung wird aus Objekten der realen Welt ein relationales Datenmodell abgeleitet, das die Realität möglichst getreu widerspiegelt. Bei SAP werden die benötigten Tabellen im ABAP-Dictionary definiert, anstatt das Datenmodell direkt auf der Datenbank zu implementieren und sich somit an die Datenbank zu binden. Das ABAP-Dictionary ermöglicht eine zentrale Beschreibung und Verwaltung aller im System verwendeten Datendefinitionen. Aus den Tabellendefinitionen, die alle relevanten Informationen (Felder, Typen, Schlüssel, etc.) enthalten, werden im Anschluss die Datenbanktabellen, auch transparente Tabellen genannt, generiert. Es gibt einerseits von SAP definierte Datenbanktabellen, die genutzt und angepasst werden können und andererseits besteht die Möglichkeit, eigene Tabellen neu zu definieren.

Die vom Vertrieb erfassten Vorauszahlungen werden zum einen in der Tabelle *T_CD_VZAHLK* und zum anderen in der Tabelle *T_CD_VZAHLP* gespeichert. An ihren Namen kann man erkennen, dass es sich dabei nicht um zwei von SAP definierten Tabellen handelt, sondern um Eigenentwicklungen der Versicherungen. SAP hat reservierte Namensbereiche einerseits für die eigen entwickelten SAP-Objekte und andererseits für Kundenobjekte.

T_CD_VZAHLK enthält die Kopfdaten und *T_CD_VZAHLP* enthält alle Einzelpositionen einer Vorauszahlung. Die Kopfdaten setzen sich aus der Summe aller Vorauszahlungen zu einem bestimmten Datum zusammen. Als Erfasser wird die Personalnummer desjenigen Mitarbeiters eingetragen, der an diesem Tag die erste Vorauszahlung erfasst hat, auch wenn die nachfolgenden Vorauszahlungen dieses Tages von einem anderen Mitarbeiter erfasst wurden. Die zweite Tabelle enthält alle Erfassungen mit ihren jeweiligen Beträgen und Erfassern einzeln. Es ist also durchaus möglich, dass auf Kopfebene ein anderer Erfasser als auf einer Position eingetragen ist. Die Informationen in der zweiten Tabelle sind aussagekräftiger und aus ihnen kann ermittelt werden, wie sich die Kopfdaten in der ersten Tabelle zusammensetzen.

Der Einstieg in die Tabelle *T_CD_ZAHLP* erfolgt über das ABAP-Dictionary. Es werden nur diejenigen Einträge selektiert, die in der Spalte *Anwendung* das Kürzel *VRZ* stehen haben, das für *Vorauszahlung* steht (siehe Anhang 10). Nun erhält man folgende Informationen, die für die Auswertungsliste benötigt werden: Erfasser, Freigabe, Hauptvorgang, Teilvorgang, Buchungsdatum, Fälligkeitsdatum, Vertragsreferenz, Betrag und Zins (siehe Anhang 11).

Damit fehlen nur noch die Informationen für die Spalte *Geschäftspartnernummer* und die noch offenen Beträge. Diese Daten sind in der von SAP definierten Tabelle *DFKKOP* zu finden, die alle Positionen für einen Kontokorrentbeleg enthält. Für jede Vorauszahlung entstehen in *DFKKOP* mindestens zwei und höchstens drei Zeilen, eine Zeile für die kreditorische Buchung, eine für die debitorische und die dritte Zeile für eventuelle Zinsen. Der Zusammenhang zwischen den eben beschriebenen Tabellen und ihren wichtigsten Attributen ist im folgenden Entity-Relationship-Diagramm (ER-Diagramm) dargestellt:

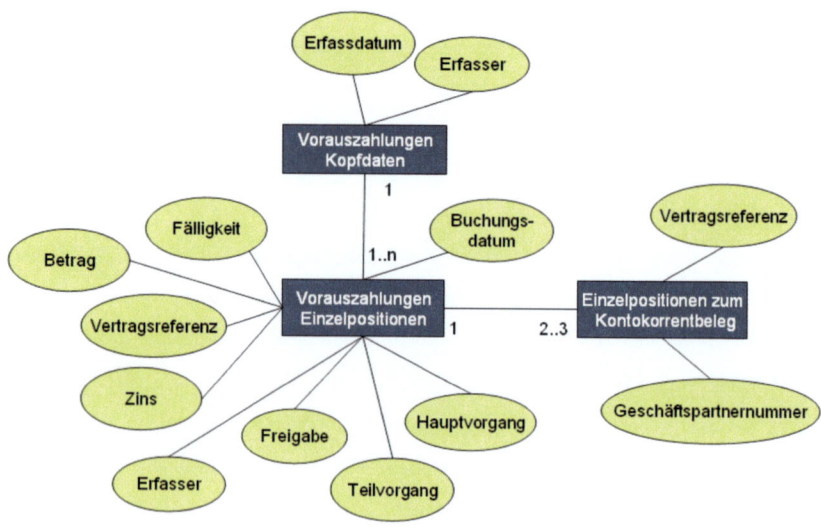

Abbildung 9: ER-Diagramm

Auch in die *DFKKOP* erfolgt der Einstieg über das ABAP-Dictionary. Die Einträge, die angezeigt werden sollen, werden so eingegrenzt, dass sie den Vertragsreferenzen aus der vorherigen Tabelle entsprechen (siehe Anhang 12). Nun kann man ablesen, welche Geschäftspartnernummer zu welchem Vertrag gehört (siehe Anhang 13).

Die noch offenen Posten können ebenfalls aus der Tabelle *DFKKOP* ermittelt werden. Dafür steht ein Funktionsbaustein mit dem Namen *FKK_OPEN_ITEM_SELECT_WITH_DATE* zur Verfügung. Er selektiert alle offenen Posten zu einem Stichtag. Mit Hilfe dieses Funktionsbausteines kann auch die letzte Spalte der Auswertungstabelle mit den benötigten Informationen über die noch offenen Beträge gefüllt werden. Der Funktionsbaustein hat bereits Berechtigungsprüfungen integriert, die davor schützen, dass die Daten unbefugten Benutzern angezeigt werden.

5. Fazit und Ausblick

Das in dieser Projektarbeit erstellte Konzept für ein IKS, das den Vorauszahlungsprozess im Provisionsexkasso überwacht, könnte in einer nächsten Projektarbeit umgesetzt und erweitert werden. Mögliche Erweiterungen könnten darin bestehen, dass das Rechnungs-wesen und der Vertrieb die Auswertungsliste nicht mehr nach dem Pull-Prinzip, bei dem sie selber aktiv werden müssen, erhalten, sondern nach dem Push-Prinzip, in dem der Report z.B. als Batch-Job[12] abläuft und automatisch einmal im Monat die Auswertungsliste per Mail an die betroffenen Mitarbeiter sendet. Eine weitere mögliche Erweiterung wäre ein Selektionsbildschirm, der den Benutzern des Reports die Möglichkeit gibt, eine Auswertungsliste nach bestimmten Selektionskriterien zu erstellen, z.B. eine Liste, die die Vorauszahlungen nur für einen bestimmten Vermittler bzw. Makler enthält. Außerdem könnte das Aussehen der Liste so variiert werden, dass z.B. auffällig hohe Vorauszahlungen hervorgehoben werden oder dass Vermittler, denen häufig Vorauszahlungen zuteilwerden, gekennzeichnet werden.

Außerdem muss entschieden werden, wie mit der Situation umgegangen wird, in der tatsächlich unautorisierte Zahlungen vorhanden sind. In solch einem Fall sollte die Revision benachrichtigt werden und der Vorgang mit Hilfe der Auswertungsliste, den betroffenen Mitarbeitern und Vermittlern bzw. Maklern geklärt werden.

---

[12] Programm, das auf einem Computer ohne weitere Benutzerinteraktion ausgeführt wird

Anhang

Anhangsverzeichnis

Anhang 1: SAP GUI 7.10

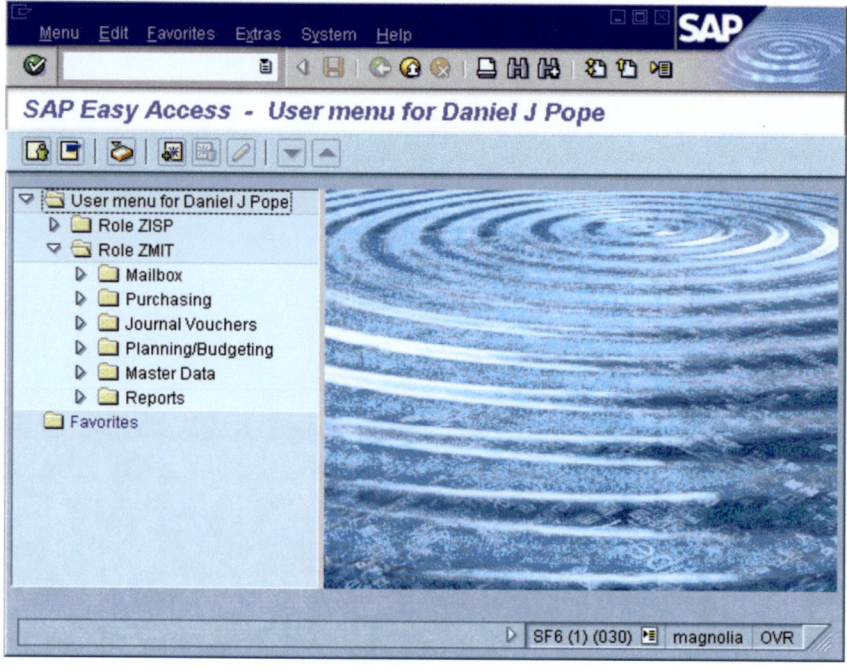

Anhang 2: Kurzbeschreibung ERP-Module

Module aus dem Anwendungsbereich Rechnungswesen:

Financial Accounting (FI) - Finanzwesen:

➢ ein multinationales System, das weitestgehend die internationalen Anforderungen des externen Rechnungswesens abdeckt

Controlling (CO) - Kostenrechnung:

➢ stellt Unternehmensdaten bereit, die für die Entscheidungen des Managements relevant sind

Treasury (TR) - Finanzmanagement:

➢ gewährleistet ein effizientes Liquiditäts-, Portfolio- und Risikomanagement

Project System (PS) - Projektabwicklung:

➢ zur Abbildung und Verwaltung von Projekten

Module aus dem Anwendungsbereich Personal:

Human Resource Management (HR) – Personalmanagement:

➢ besteht im wesentlichen aus den Komponenten Personaladministration, Personalzeit-wirtschaft und die Personalabrechung

Module aus dem Anwendungsbereich Logistik:

Sales and Distribution (SD) - Vertriebssystem:

➢ stellt eine branchenneutrale Gesamtlösung für die Aufgaben des Verkaufs, des Versands und der Fakturierung dar

Materials Management (MM) - Materialwirtschaft:

➢ besteht im wesentlichen aus den Teilkomponenten Einkauf, Bestandsführung, Lagerverwaltung und Rechnungsprüfung

Production Planning and Control (PP) - Produktionsplanung:

➢ deckt sämtliche betriebswirtschaftlichen Funktionen im Bereich der Produktionsplanung- und Steuerung ab

Quality Management (QM) - Qualitätsmanagement:

➢ unterstützt Aufgaben der Qualitätsplanung, Qualitätsprüfung und Qualitätslenkung

Plant Maintenance (PM) - Instandhaltung:

➢ beinhaltet Funktionen für die Instandhaltung, d.h. die Inspektion, die Wartung und die Instandsetzung

Module für Branchenlösungen:

Industry Solutions (IS) / Financial Services (FS) - Branchenlösungen:

➤ speziell auf Branchen zugeschnittene Standardlösungen, z.B. für Banken

Workflow (WF) - Arbeitsablaufmanagement:

➤ verstärkt die Informationsstruktur in einem Unternehmen und dient zur Analyse, Organisation und Kontrolle von Geschäftsabläufen

Policy Management (FS-PM) - Policenmanagement:

➤ erleichtert die Bestandsverwaltung von Versicherungspolicen

Re-Insurance (FS-RI) - Rückversicherung :

➤ wickelt das Rückversicherungsgeschäft einheitlich ab

Claims (FS-CM) - Schadenmanagement:

➤ ermöglicht ein effizientes und kostensparendes Schadenmanagement

Collections and Disbursements (FS-CD) - Inkasso/Exkasso:

➤ managt Zahlungseingänge und Zahlungsausgänge schnell, präzise und effizient

Incentive and Commissions Management FS-ICM - Provisionsmanagement:

➤ erleichtert das Provisionsmanagement

Anhang 3: SAP for Insurance

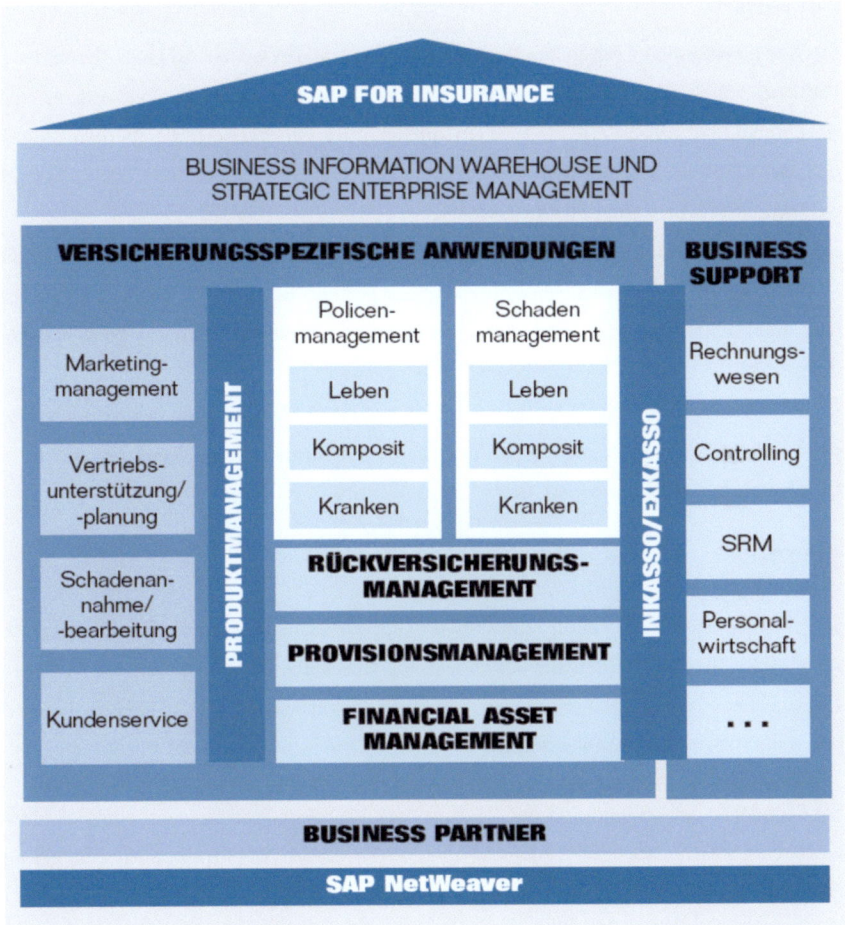

Anhang 4: Gesetze

§ 93 HGB:

(1) Wer gewerbsmäßig für andere Personen, ohne von ihnen auf Grund eines Vertragsverhältnisses ständig damit betraut zu sein, die Vermittlung von Verträgen über Anschaffung oder Veräußerung von Waren oder Wertpapieren, über Versicherungen, Güterbeförderungen, Schiffsmiete oder sonstige Gegenstände des Handelsverkehrs übernimmt, hat die Rechte und Pflichten eines Handelsmaklers.

(2) Auf die Vermittlung anderer als der bezeichneten Geschäfte, insbesondere auf die Vermittlung von Geschäften über unbewegliche Sachen, finden, auch wenn die Vermittlung durch einen Handelsmakler erfolgt, die Vorschriften dieses Abschnitts keine Anwendung.

(3) Die Vorschriften dieses Abschnittes finden auch Anwendung, wenn das Unternehmen des Handelsmaklers nach Art oder Umfang einen in kaufmännischer Weise eingerichteten Geschäftsbetrieb nicht erfordert. *[int13]*

§ 84 HGB:

(1) Handelsvertreter ist, wer als selbständiger Gewerbetreibender ständig damit betraut ist, für einen anderen Unternehmer (Unternehmer) Geschäfte zu vermitteln oder in dessen Namen abzuschließen. Selbständig ist, wer im Wesentlichen frei seine Tätigkeit gestalten und seine Arbeitszeit bestimmen kann.

(2) Wer, ohne selbständig im Sinne des Absatzes 1 zu sein, ständig damit betraut ist, für einen Unternehmer Geschäfte zu vermitteln oder in dessen Namen abzuschließen, gilt als Angestellter.

(3) Der Unternehmer kann auch ein Handelsvertreter sein.

(4) Die Vorschriften dieses Abschnittes finden auch Anwendung, wenn das Unternehmen des Handelsvertreters nach Art oder Umfang einen in kaufmännischer Weise eingerichteten Geschäftsbetrieb nicht erfordert. *[int14]*

Anhang 5: Beziehung FS-CD und Geschäftspartner

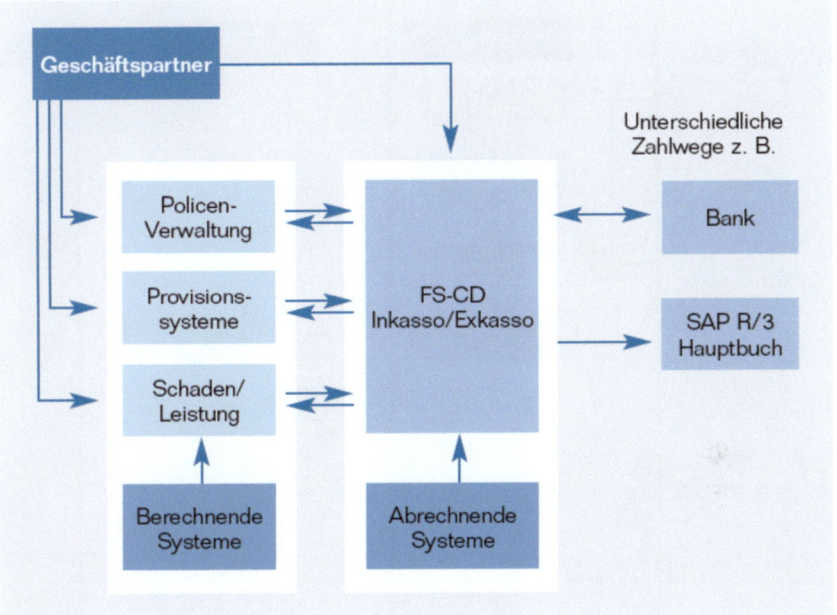

Anhang 6: Prozessablaufdiagramm

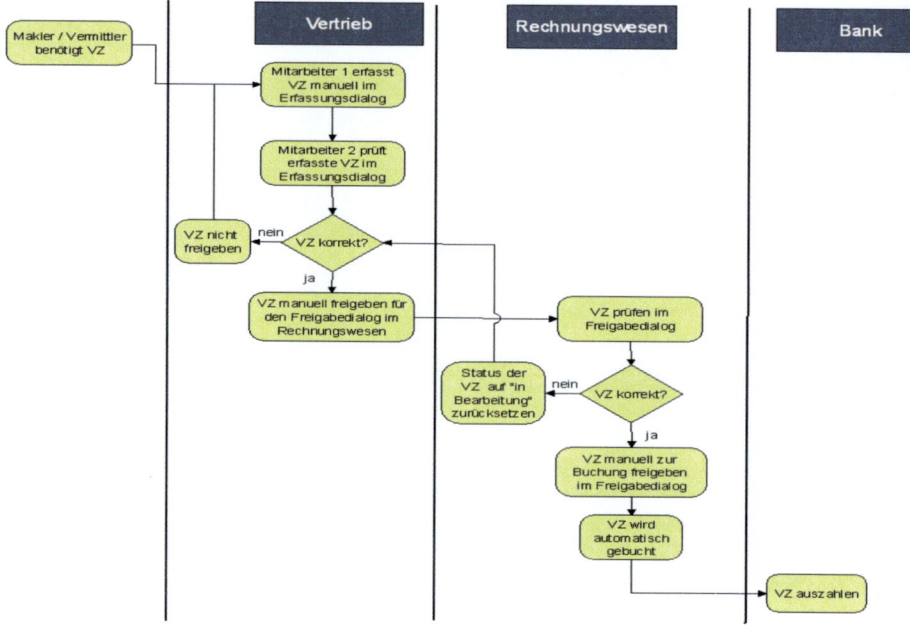

VZ = Vorauszahlung

Anhang 7: Screenshot Erfassungsdialog Vorauszahlungen

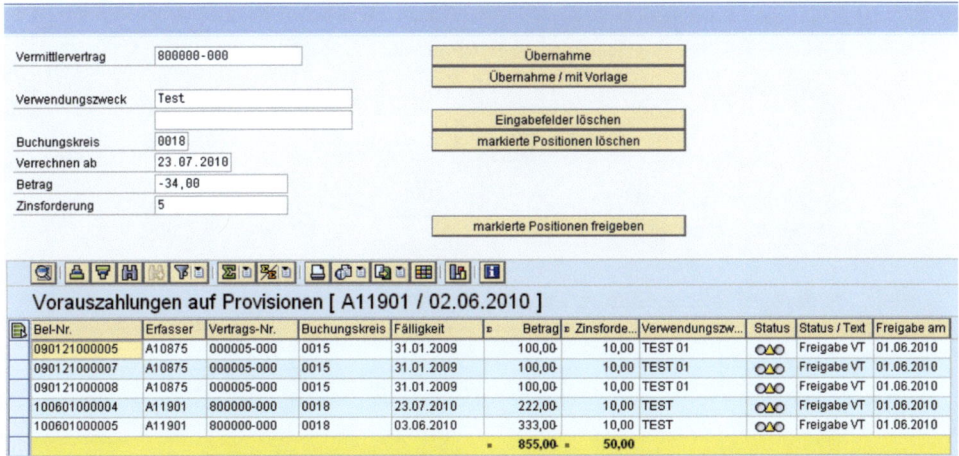

Anhang 8: Screenshot Freigabedialog Rechnungswesen

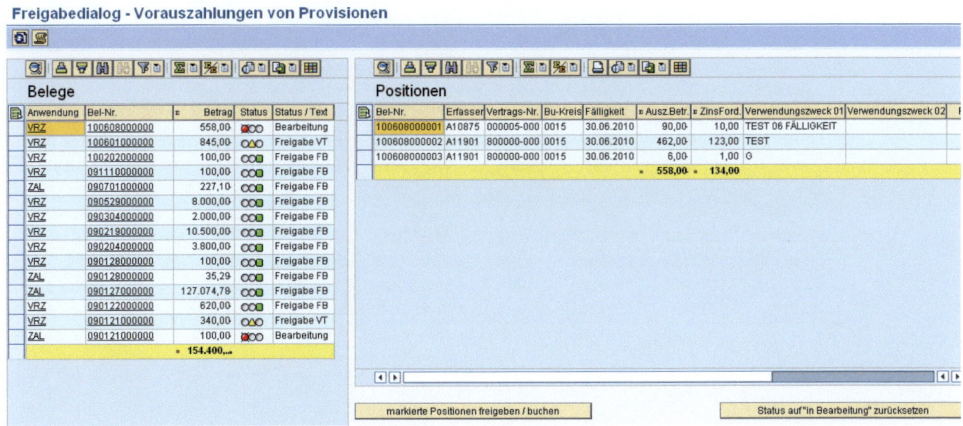

Anhang 9: Auswertungsliste Beispiel

äfts rtner-	Vertrags-referenz	Erfasser	Freiga-be	Haupt-vorgang	Teil-vorgang	Bu-chungsda-tum	Fälligkeit	Betrag	Zins	noch offen
0100	0200-000	A11901	A11902	PMAK	VZD	02.03.2010	31.12.2010	1500,00	0	1500,00
0200	0300-456	A11901	A11902	PHBM	VZD	04.12.2009	28.02.2010	2000,00	125,00	1400,00
0300	0123-000	A11902	A11901	PMFA	VZD	31.09.2009	10.10.2009	2500,00	0	0

Anhang 10: Screenshot Selektionsbild 01

Data Browser: Tabelle T_CD_VZAHLP: Selektionsbild

| ⊕ | ♦ | ⧉ | ⓘ | Anzahl Einträge |

| ANWENDUNG | | VRZ | | bis | | ⇨ |
| BELNR | | | | bis | | ⇨ |

| Breite der Ausgabeliste | 1000 |
| Maximale Trefferzahl | |

Anhang 11: Screenshot Tabelle 01

Data Browser: Tabelle T_CD_VZAHLP   79 Treffer

ERFASS	FREIGABE	HVORG_01	TVORG_...	VRZ_BUDAT	VRZ_FAEDN	VRZ_VERTRAG	VRZ_BETRAG	VRZ_ZINSFORD
A10875	A11901	PMAK	VZK5	21.01.2009	31.01.2009	000005-000	100,00	10,00
A10875	A10875	PMAK	VZK5	21.01.2009	31.01.2009	000005-000	100,00	30,00
A10875	A11901	PMAK	VZK5	21.01.2009	31.01.2009	000005-000	100,00	10,00
A10875	A11901	PMAK	VZK5	21.01.2009	31.01.2009	000005-000	100,00	10,00
A10875	A10875	PMAK	VZK5	22.01.2009	31.01.2009	000005-000	100,00	10,00
A10875	A10875	PMAK	VZK5	22.01.2009	31.01.2009	000005-000	100,00	10,00
A10875	A10875	PMAK	VZK5	22.01.2009	31.01.2009	000005-000	100,00	20,00
A10875	A10875	PMAK	VZK5	22.01.2009	31.01.2009	000005-000	100,00	10,00
A10875	A10875	PMAK	VZK5	22.01.2009	31.01.2009	000005-000	100,00	10,00
A10875	A10875	PMAK	VZK5	22.01.2009	31.01.2009	000005-000	100,00	10,00
A10875	A10875	PMAK	VZK5	22.01.2009	31.01.2009	000005-000	100,00	10,00
A11732	A11732	PMAK	VZK4	23.01.2009	31.01.2009	000002-000	100,00	0,00
A10875	A10875	PMAK	VZK5	28.01.2009	31.01.2009	000002-000	100,00	0,00
E52814	E52814	PMAK	VZK5	02.02.2009	31.12.2009	000002-000	1.000,00	100,00
E52814	E52814	PMAK	VZK5	02.02.2009	31.12.2009	000002-000	3.000,00	200,00
E52814	E52814	PMAK	VZK5	02.02.2009	31.12.2009	000002-000	3.000,00	200,00
E52814	E52814	PMAK	VZK5	02.02.2009	31.12.2009	000002-000	5.000,00	200,00

Anhang 12: Screenshot Selektionsbild 02

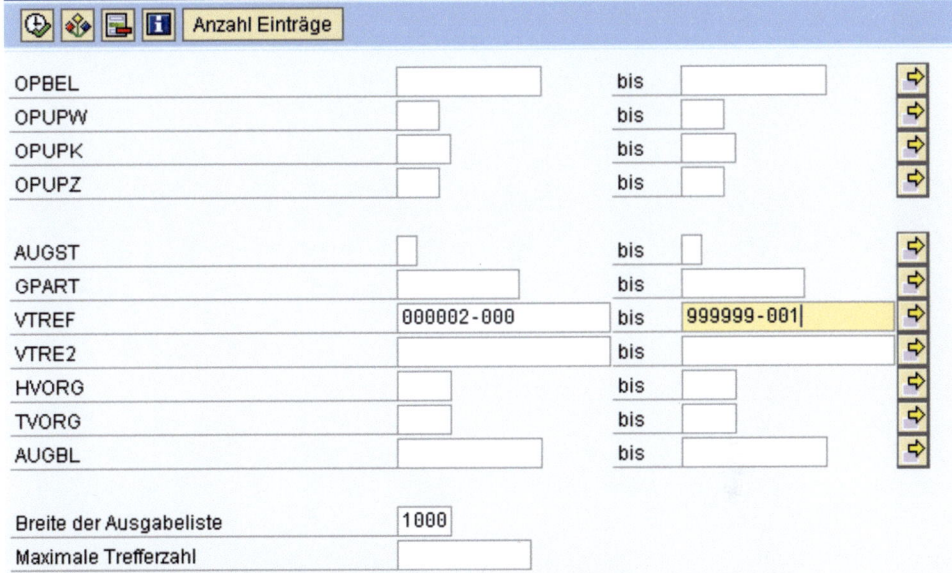

Data Browser: Tabelle DFKKOP: Selektionsbild

🕐 💠 🗐 ℹ️ Anzahl Einträge		

OPBEL		bis		
OPUPW		bis		
OPUPK		bis		
OPUPZ		bis		

AUGST		bis		
GPART		bis		
VTREF	000002-000	bis	999999-001	
VTRE2		bis		
HVORG		bis		
TVORG		bis		
AUGBL		bis		

Breite der Ausgabeliste	1000
Maximale Trefferzahl	

Anhang 13: Screenshot Tabelle 02

Data Browser: Tabelle DFKKOP   479 Treffer

👓 🔍 🗐 Prüftabelle...	🖹 🖺	📇 🗃 🗄	✂️	📑 📋 🗞️ 🗂️	🎞️ 🗄️ 📑								

	GPART	VTREF	
	7500000040	000002-003	
	7500000040		
	7500000040		
	0000000321	000002-999	
	0000000321		

Glossar

Bewegungsdaten — dynamische Daten eines Unternehmens, weisen meistens eine zeitlich begrenzte Lebensdauer auf *[int07]*

Debitor — Schuldner, ist aufgrund eines Schuldverhältnisses verpflichtet, dem Gläubiger eine Leistung zu erbringen *[int15]*

externes Rechnungswesen — bildet die finanzielle Situation des Unternehmens nach außen ab, dargestellt wird die Vermögens-, Finanz- und Ertragslage des Unternehmens, rechtliche Grundlage ist das Handelsgesetzbuch in Deutschland *[int16]*

Hauptbuch — Kontenwerk mit seiner sachlichen Untersetzung und Bewegung durch Geschäftsfälle der einzelnen Bilanzpositionen *[int16]*

Inkasso — ein Begriff aus dem Finanzwesen, der gewerbliche Einzug von fälligen Forderungen *[int16]*

Kontokorrentbuchführung — Unterkategorie der allgemeinen Buchführung zur Dokumentation eines Handels, welche alle Forderungen und Verbindlichkeiten der einzelnen Vertragspartner enthält *[int03]*

Kreditor — Gläubiger/Kreditgeber, ist aufgrund eines Schuldverhältnisses berechtigt, vom Schuldner eine Leistung zu fordern *[int15]*

Makler — Kaufleute und ausschließliche Interessenvertreter und Sachwalter ihrer Mandanten und damit keine Erfüllungsgehilfen eines Unternehmens *[int09]*

Provision — die Vergütung, die von einem Unternehmer für den Abschluss bzw. die Vermittlung eines Geschäfts an den Handelsvertreter bzw. Vertriebsmitarbeiter gezahlt wird *[int06]*

Provisionsexkasso	ein Begriff aus dem Finanzwesen, beschäftigt sich mit dem Transaktionsvorgang von Leistungen, in dem Fall mit der Auszahlung des Entgelts, das die Vermittler und Makler für ihre Tätigkeit bekommen *[int16]*
Stammdaten	statische Grunddaten eines Unternehmens, die nie oder sehr selten geändert werden *[int07]*
Vermittler	Handelsvertreter und selbständige Gewerbetreibende, die Verträge vermitteln und dabei ihre Tätigkeit und Arbeitszeit im wesentlichen frei bestimmen können *[int10]*
Zahllauf	automatisierte Abarbeitung von Zahlungsaufträgen in einem elektronischen Buchhaltungs-Programm *[int16]*

Quellenverzeichnis

[01]   IBM Business Consulting Services / SAP Press

         SAP Berechtigungswesen – Design und Realisierung von Berechtigungskonzepten für SAP

         R/3 und SAP Enterprise Portal

         2. Auflage, 2003

[02]   Thomas Tiede

         SAP R/3 – Ordnungsmäßigkeit und Prüfung des SAP-Systems

         2. Auflage, 2004

[int01] http://www12.sap.com/germany/index.epx

         Stand: 28.04.2010

[int02] http://www.digital-publications.ch/vonarb/Kapitel_3.pdf

         Stand: 30.04.2010

[int03] http://www.finanzxl.de/finanz_lexikon/kontokorrentbuchfuehrung.html

         Stand: 06.05.2010

[int04] http://www.itwissen.info/definition/lexikon/Echtzeit-RT-realtime.html

         Stand: 06.05.2010

[int05] http://www.itwissen.info/definition/lexikon/Relationale-Datenbank-

         database-relational.html

         Stand: 06.05.2010

[int06] http://www.juraforum.de/lexikon/provision

         Stand: 06.05.2010

[int07] http://www.enzyklopaedie-der-wirtschaftsinformatik.de

         Stand: 10.05.2010

[int08] http://www.econserve.de/sap/bilder_sap/sap_module.gif

         Stand: 20.05.2010

[int09]   http://www.tyskret.com/deutsch/handel/reis.html
            Stand: 28.05.2010

[int10]   http://www.vermittlerrichtlinie.de/459,19672,1.html
            Stand: 28.05.2010

[int11]   http://kvmw.server.hi-tech-media.biz/htm/de/pdf/200305.pdf
            Stand: 28.05.2010

[int12]   http://www.schlawien-
            naab.de/se_data/_filebank/PDF/SL_Korruptionspraevention.pdf
            Stand: 28.05.2010

[int13]   http://dejure.org/gesetze/HGB/93.html
            Stand: 28.05.2010

[int14]   http://www.gesetze-im-internet.de/hgb/__84.html
            Stand: 28.05.2010

[int15]   http://wirtschaftslexikon.gabler.de
            Stand: 10.06.2010

[int16]   http://www.finanz-lexikon.de/
            Stand: 10.06.2010

Der Autor

Angelina Jung wurde 1989 in Hameln geboren. Nach dem Abitur entschied sie sich für ein duales Bachelorstudium der Wirtschaftsinformatik an der FHDW Hannover, das in sich abwechselnde Theorie- und Praxisphasen gegliedert war und ihr sowohl Kenntnisse der Betriebswirtschaft als auch der Informatik vermittelte. Die Praxisphasen absolvierte die Autorin in einer Versicherung in Hannover. Dadurch sammelte sie bereits während des Studiums umfassende praktische Erfahrungen in der Versicherungsbranche und im Informatikbereich. Im Jahr 2011 schloss sie erfolgreich ihr Studium mit dem akademischen Grad Bachelor of Science ab. Anschließend konnte sie ihre fachlichen Qualifikationen im Bereich Betriebswirtschaft bei einer der führenden Wirtschaftsprüfungen einsetzen und weiter ausbauen. Ihr Studium und ihre Tätigkeit bei der Versicherung motivierten Angelina Jung, sich der Thematik des vorliegenden Buches zu widmen, das sich gleichermaßen mit betriebswirtschaftlichen und technischen Fragestellungen rund um das Thema internes Kontrollsystem auseinandersetzt.